칸트 교수의 정신없는 하루 "칸트"
KANT

칸트 교수의 정신없는 하루 "칸트"

KANT

장 폴 몽쟁 씀 | 로랑 모로 그림 | 박아르마 옮김 | 서정욱 해제

함께읽는책

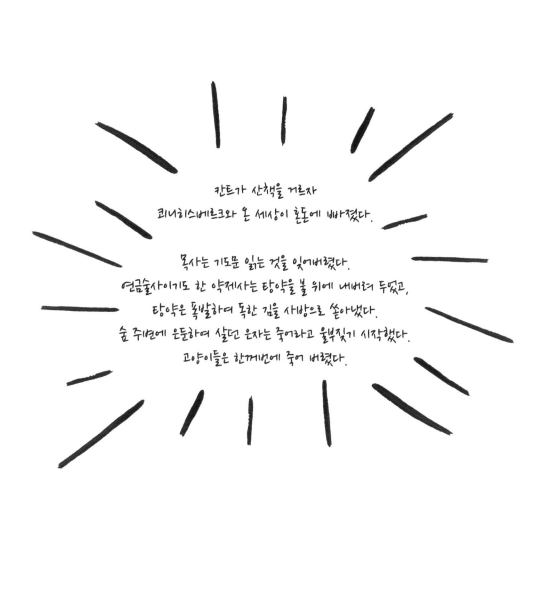

칸트가 산책을 거르자
쾨니히스베르크와 온 세상이 혼돈에 빠졌다.

목사는 기도문 읽는 것을 잊어버렸다.
연금술사이기도 한 약제사는 탕약을 불 위에 내버려 두었고,
탕약은 폭발하여 독한 김을 사방으로 쏟아냈다.
숲 주변에 은둔하여 살던 은자는 죽어라고 울부짖기 시작했다.
고양이들은 한꺼번에 죽어 버렸다.

목차

18세기 말, 쾨니히스베르크는 동프로이센[1]에 있는 평화로운 작은 마을이었다. 튜튼 기사단[2]이 세운 이 오래된 도시는 이미 좋은 시절을 지나왔다. 유명한 성의 탑들이 이 도시를 내려다보고 있었다. 탑에는 많은 부엉이들이 살았고, 지하 감옥 깊숙한 곳에서는 몇몇 죄수들이 지루한 나날을 보내고 있었다.

우리가 굳이, 집으로 돌아오는 산책자를 불편하게 만들면서까지 이 쇠락한 도시를 추억하는 것은 이 산책자가 임마누엘 칸트 교수이기 때문이다. 그는 넓고 적막한 폴란드의 평원을 등지고 귀가하는 길이었다.

어느 날 신의 눈에도 임마누엘 칸트라는 사람은 상대방과 체스를 두는 일에 따분해하는 듯 보였다.

사실 칸트는 그다지 놀이를 즐기는 편이 아니었다. 그래서 그는 쾨니히스베르크대학의 철학 교수가 되었다. 칸트 연구자 중 한 사람인 마틴 하이데거[3] 역시 폴란드 평원의 매력을 잘 알고 있는 사람이었다. 그는 아마도 칸트의 삶을 이렇게 요약하지 않았을까? "칸트는, 태어나서 공부하다가 죽었다"라고 말이다. 우리는 여기에 '쾨니히스베르크에서'라고 한마디 더 덧붙일 수 있을 것이다.

1. 폴란드 북쪽, 러시아의 서쪽에 위치한 지역으로 옛 독일 제국의 동쪽 영토이다. 프로이센이 점령하였기 때문에 동프로이센으로 불리었다._이하 역자주
2. 1191년에 만들어졌다가 16세기에 해체된 기독교 군단으로 십자군 원정에서 중요한 역할을 하였다.
3. Martin Heidegger, 1889~1976 독일 실존주의 철학자로 《존재와 시간》 등을 썼다.

어느 여름, 맑은 아침나절이었다. 하인 람페가 칸트의 침실로 불쑥 들어왔다. 잠에 곯아떨어진 듯, 칸트는 목까지 이불을 끌어 덮고 있었다.

"기상 시간입니다!" 람페가 꾸짖듯 외쳤다.

프로이센의 퇴역 병사인 람페는 투박한 태도가 몸에 배어 있었다. 그러나 그는 한 치의 오차도 없이 매일 아침 다섯 시 오 분 전에 교수를 깨웠다. 그것이 그가 맡은 중요한 임무였다.
칸트는 군소리 없이 자리에서 일어나 턱수염을 깎고 가발을 가다듬었다. 그러고 나서 멜빵이 달린 긴 양말을 신었는데 이는 혈액순환에 장애를 일으키지 않고 그의 긴 양말이 흘러내리지 않도록 해주는 역할을 하였다. 그러고는 회중시계를 맞춘 다음 품위 있게 자신의 서재로 들어가 파이프 담배를 피우며 바쁘게 편지를 썼다.

칸트 교수는 오래된 성의 탑이 내다보이는 창 맞은편 난롯가에 앉았다. 우선 요즘 일어나고 있는 세상의 어리석은 일들과 떠도는 말들에 대응해야 했다. 요즘 들어 변비 때문에 자주 신문을 읽게 되었고, 그러다보니 화가 나는 기사를 많이 접하게 되었다는 사실도 덧붙여야겠다.

그렇지만 이건 너무 심하지 않은가! 미래를 예언하고 죽은 사람들과 대화를 나눌 수 있다고 주장하는 별난 스웨덴 사람이라니…….

스베덴보리[1]라는 그 학자는 유령과 대화를 나누고 그 내용을 사람들에게 전해 준다고 했다. 네덜란드 대사의 미망인 이야기를 예로 들자면, 그의 도움 덕분에 그녀는 정직하지 못한 보석상에게서 청구된 부당한 금액을 지불하지 않아도 되었다. 그녀의 남편이 죽기 일곱 달 전에 보석상에게 지불한 보석 값이 적힌 영수증을 찾게 된 것이다.

"그대는 떠도는 네덜란드 사람의 영혼을 그의 장신구를 통해 보게 될 것이오. 내가 그에게 걷는 법을 가르칠 테니까 말이오." 칸트가 중얼거리며 말했다.

1. Emanuel Swedenborg, 1688~1772 스웨덴의 철학자이자 과학자, 신비주의자로 심령술에 전념하였다.

"우리가 학문을 증진하기 위해, 편견과 미신을 타파하기 위해, 그토록 엄격하고 희생적으로 이성을 밝히고자 모든 노력을 다했는데…… 이처럼 협잡꾼 같은 짓을 하다니!" 우리의 주인공 칸트는 생각했다. "마치 유령이 만물을 지배할 수 있다고 말하는 것 같군! 세상이, 당치도 않은 유령에 불과하다는 것인가!"

칸트 교수는 펜을 들어 스웨덴 사람 스베덴보리와 그의 생각에 대해 일침을 놓았다.

"그런 종류의 헛된 현상들과 그것 때문에 생겨나는 수많은 어려움들, 종종 들통 나버리는 교활함, 게다가 그런 현상을 퍼뜨리는 사람들의 맹신이라니, 나는 결코 그런 일들이 옳다고 생각지 않을 뿐더러 죽어서도 용납지 않을 것이오. 내가 인정하는 유일한 예언자들은, 운명을 만들어 가는 사람들이오."

칸트는 악의를 숨기지 않고 편지를 끝마쳤다.

임마누엘 칸트는 상당히 침울한 모습으로 역사에 기록되어 있다. 어두운 벽으로 둘러싸인 그의 집에는 별 볼일 없는 아가씨 한 명 찾아와 웃고 떠드는 법이 없었고, 진지한 성찰의 고독만이 집안 가득 느껴졌다. 사람들이 좋게 평가하는 것은 일을 할 때의 그였다. 칸트는 오늘 아침처럼 이성의 제국을 위엄 있게 되살릴 때면, 은밀하게 도취되어 치솟는 흥분을 억제할 수 없었다.

그럴 때면 그는 누군가 자신을 방해하기라도 할까 조바심을 내며 자신의 천문 관측기구 주변을 춤추듯 거닐었다. 결국 천문 관측기구의 규칙성만큼 칸트 교수를 즐겁게 하는 것은 없었다. 그는 태엽과 바늘들을 작동시켜 작은 행성들을 이동시킴으로써 기구 안에서 천체의 위치를 계산하였다.

"이것이 바로 과학이다!" 칸트는 생각했다. "우리는 매일 태양이 뜨고 지는 것을 본다. 마치 태양이 지구 주위를 돌고 있다는 착각이 들게 말이다. 그러나 바로 니콜라우스 코페르니쿠스는 지구가 태양의 주위를 돈다는 것을 증명하였다!

그는 하늘의 변화를 그저 지켜만 보고도 천체의 움직임을 그리고 계산하였다. 흔히 그럴 법한 경험에 속아 넘어가지 않은 것이다…… 자신의 경험을 통해 우주로 하여금 문제에 답하도록 만들었다. 판사가 증인을 진술하게 만드는 것처럼 말이다. 코페르니쿠스는 자연으로 하여금 자신이 만든 생각의 규칙을 따르도록 만들었다. 자연을 연구하기 위해서 말이다! 그는 그 스스로 과학의 대상을 세운 것이다!

우주의 중심은 지구가 아니라 태양이다. 의식의 중심은 객체가 아니라 나의 정신이다…… 이 같은 혁명이 어디에 있겠는가!"

짧은 순간의 즐거움은 너무나 급작스럽게 끝나 버렸다. 칸트가 그만 못 본 채 지나쳤던 섬세한 필치의 편지 한 통을 발견하고 펄쩍 뛰어오른 순간에 말이다. 그는 오늘 하루 분명 당황스러운 일들이 일어날 것임을 직감하고 산책을 하다 긴 명상에 빠졌다.

화사하고 은은한 향기가 나는 봉투를 어떤 페이퍼 나이프로 뜯으면 좋을까? 확실히 그의 의식은 이처럼 엉뚱한 대상에 대해서는 판단을 내릴 수 없었다. 이렇게 당황스러울 데가!

칸트는 의식 속에서 카이절링 백작 부인[1]의 곱슬곱슬한 금발 머리와 냉담한 얼굴, 근심이 가득한 희미한 이미지를 몰아내었다. 그는 백작 부인의 집에서 가정교사로 일한 적이 있었다. 어느 날 밤 백작 부인은, 상당히 오래전 일이지만, 젊은 학자의 예상을 훨씬 넘어선 철학적 사실들에 관해 호기심을 드러냈다. "그에게 훌륭한 대화 기술을 가르치려"하면서 말이다.

1. 칸트는 스물두 살 되던 해에 아버지가 돌아가시자 카이절링 백작 부인의 집에서 9년 동안 가정교사 생활을 했다

칸트는 곰곰이 생각에 잠겼다. 작은 키에 오목하게 들어간 상체, 침울한 시선을 따라 기운 미간과 툭 튀어나온 이마를 가진 이 사람. 누군가 그 뒤에 있는 진짜 임마누엘 칸트를 알아보고, 어쩌면 사랑할 수도 있지 않을까.

"내가 만나는 모든 사물들도 마찬가지라니……" 칸트는 생각해 보았다. "나는 다른 사람들이 나를 보는 것처럼 나 자신을 보지 않는다. 왜냐하면 거울은 항상 좌우가 뒤바뀐 모습을 반영하기 때문이다. 나는 다른 사람들이 보는 세상과 정확히 같은 세상을 볼 수 없다. 어느 누구도 세상을 있는 그대로, 그 자체로서 볼 수는 없다!"

칸트 교수가 이 같은 성찰에 잠겨 있었다고 해서 강의 시간을 잊은 것은 아니었다. 그는 여전히 뜯지 않은 편지를 주머니에 쑤셔 넣어 둔 채 삼각모를 쓰고 몸에 지니는 작은 칼을 찬 다음 쾨니히스베르크대학으로 향했다. 가는 길은 마을에 있는 일곱 개의 다리를 한 번씩만 지나 모두 건너는 여정을 택했다. 그 후 어느 누구도 그 여정의 비밀을 알아내지 못했다.

칸트는 길을 걷다가 그의 동료인 장 자크 루소[1]가 정원에서 야단법석을 떨고 있는 모습을 보았다.

"잘 지내나, 장 자크! 자네는 도덕계의 뉴턴이야!" 칸트가 말을 걸었다.

예전에는 무식한 사람을 경멸하고 지식을 가장 중요한 덕목으로 꼽던 칸트였다. 그렇다고 그가 당구 시합이나 와인 한잔을 거절하는 법은 결코 없었다. 루소는 그에게 인종과 문화의 다양성 너머에 동일한 인간성이 존재함을 알려 주었고, 그것을 존중하는 방법도 가르쳐 주었다.[2]

1. Jean Jacques Rousseau, 1712~1778 프랑스의 작가이자 사상가로 사회계약론의 주창자이다. 저서로 《인간 불평등 기원론》 등이 있다
2. 루소의 《에밀》을 읽다가 딱 한 번 산책에 늦었다는 칸트의 일화는 유명하나

이제 루소는 더 이상, 철학에 대해서는 거의, 이야기하지 않았다. 그는 대부분의 시간을 식물도감을 풍족하게 만드는 데 보냈다. 어쩌다 보니 그는 식물학적 호기심을 충족시키려고 쾨니히스베르크까지 오게 되었다. 조바심이 난 칸트는 자신이 받은 편지를 그에게 보여 주려 했지만 곧 마음을 바꾸었다. 아마도 루소는 사랑에 관해서는 아무것도 이해하지 못하리라.

작업대 앞에 앉은 사람처럼 책상에 자리 잡고 앉은 칸트 교수는 대장장이가 쇠붙이를 두드리듯 힘 있는 강의를 했다. 그는 자기 주변과 복도까지 몰려든 학생들에게 대장장이가 망치질을 하듯이 또박또박 말하였다.

"인간의 지식에는 두 종류가 있습니다. 먼저 뱀장어 수프의 독특한 맛처럼 경험을 통해 알 수 있는 것, 그리고 다른 한편, 수학이나 철학에서처럼 이성의 경험을 통해 알게 되는 보편적이고 필연적인 것이 그것입니다. 나는 수학 문제를 풀기 위해 명백한 정의, 즉 방정식 등에서 출발합니다. 반면 철학으로는 정의를 내리려고 노력합니다. 그렇기 때문에 철학자들은 수많은 질문을 합니다. 나는 무엇을 알 수 있는가? 무엇을 해야만 하는가? 무엇을 희망할 수 있는가? 우리는 언제 먹는가?……
결국 철학이 정의하려고 애쓰는 것은, '나의 이성 그 자체를 어떤 목적에 따라 사용해야 하는가'입니다. 철학은 마지막 목적, 즉 인간 이성의 궁극적인 목적이 되는 학문입니다. 말하자면 철학은 '완전한 지혜란 무엇인지 사유해 보는 것'입니다. 그것은 분명한 사실입니다. 여러분은 '철학'이 아닌 '철학하는 방법'을 배워야 합니다."

"아! 우리의 경이롭고 가혹한 주인인 이성…… 여러분의 이성은 거부할 수 없는 질문들, 즉 신은 존재하는가, 우리의 영혼은 영원불멸한가, 우리는 자유로운가 등에 관한 질문들로 우리를 짓누릅니다.

그리고 우리는 초자연적인 현상이 일어나는 원형경기장에서 또 다른 철학자들과 다시 만나게 됩니다. 그곳에서는 검투사들의 군대가 전투 대열을 유지한 채 훈련을 하고 있습니다. 우승자가 되더라도 가장 보잘것없는 자리 하나 차지할 수 없는데 말입니다.

나는 신이 존재함을 증명할 수 있습니다. 나는 또한 신이 존재하지 않음도 증명할 수 있습니다. 너무나 혼란스럽다고 솔직히 말해 보세요!

이것이 바로 우리가 이와 같은 문제에 접근하기 전에 이성을 비판해야 하는 이유입니다. 즉 학문은 법정에 출두해야 합니다. 그곳에서 학문은 그가 정당하다고 주장하는 바를 보이고 그 한계 또한 드러낼 것입니다. 그렇게 되면 우리는 학문이 모든 문제에 답을 줄 수는 없음을 깨닫게 될 것입니다. 즉 내가 무언가를 깨닫기 위해서는 ㅗ 무언가를 공간과 시간 속에 들어가도록 해야 합니다. 공간과 시간은 조건이자, 나의 정신이 일체의 경험을 하게 되는 환경이기 때문입니다. 그런데 신을 공간과 시간 속에서 연구하는 일은 불가능합니다! 여러분은 이제 왜 우리가 신앙에 골몰할 필요가 없는지 이해했을 것입니다. 혹 여러분이 아무것도 이해하지 못했다면, 아마도 나를 쾨니히스베르크의 위대한 중국인(괴상한 사람)이라고 생각할 테지요……."

학생들은 웃음을 터트렸지만 칸트 교수는 여전히 진지한 태도를 보였다.

"나는 여기서 여러분에게 신앙에 대해 말하는 것이 아닙니다. 나는 여러분에게 지식에 대해 말하고 있습니다. 자유를, 자유로운 행위를 예로 들어 봅시다." 그는 계속 말을 이어 갔다. "여러분은 자유롭게, 이해관계를 떠나 온전히, 스스로 원하는 무언가를 한 적이 있습니까? 글쎄, 과연 그렇게 한 적이 있었을까요? 결코 알 수 없는 일입니다. 자유로운 행위는 설명되는 것이 아닙니다. 설명될 수 있는 자유라면, 더 이상 자유가 아닙니다.
우리는 어떤 상황도 온전히 자유롭게 자신의 의지대로 생기지 않는다는 사실을 이해하기 어렵습니다. 그러나 자연에는 시작이 없습니다. 단지 연속적인 원인과 결과만이 있을 뿐입니다.
거짓말쟁이를 예로 들어봅시다. 만약 그의 행동에 대해 설명을 원한다면, 그는 나쁜 친구들 때문에 거짓말을 하게 되었고, 나쁜 짓을 저지르도록 태어났고, 태어난 대로 살아가는 것일 뿐이라고 말할 것입니다…… 그런 행동 속에, 자유는 어디 있습니까?"

그날 많은 학생들은, 칸트 교수가 형이상학이라는 기관총으로 무장한 채 하늘로 올라가 초자연적인 것을 신봉하는 군대를 몰살시키고, 신에게 보복하였으며, 자유를 부숴 버렸고, 불멸의 영혼을 죽음 직전까지 몰고 갔음을 증언했다.

칸트 교수는, 자신이 지식의 세계에서 막 저지른 끔찍한 학살에 경악하는 청중의 얼굴을 보았다. 그는 관대해지기로 결심하고 마술봉을 사용해 도덕의 세계에서 신과 자유, 불멸의 영혼을 소생시키기로 마음먹었다.

"여러분, 안심하세요." 그가 미소를 머금고 말했다. "우리가 자유와 신의 존재, 영혼의 불멸성을 증명할 수 없다고 해서 그것들을 생각할 수 없다는 뜻은 아닙니다. 그런 문제들은 학문의 영역에서 답을 찾을 수 없으며 도덕의 관점에서만 해결될 수 있습니다.

방금 전에 이야기한 거짓말쟁이에 대해 그가 거짓말을 했다고 비난한다면, 우리는 그가 다름 아닌 자신의 죄에 대해 책임이 있다고 생각하는 것입니다! 따라서 자유롭다는 것은, 태어났을 때 이미 모든 것이 정해져 있다는 운명론을 말하는 것이 아닙니다! 거짓말을 할 수밖에 없었던 상황에 대해 정상 참작이 있어서는 안 됩니다. 거짓말쟁이를 교수형에 처합시다! 이것이 바로 구체적인 행동입니다.

일상생활에서 우리는 자신의 행동에 책임이 있고, 우리의 영혼은 계속 살아남게 되며, 신은 적당한 때가 되면 선한 사람들에게 상을 준다고 가정해야만 합니다. 그게 아니라면, 올바른 행동을 하고 불행한 것보다 나쁜 짓을 하고 행복한 편이 낫지 않겠습니까?"

칸트 교수는 자신의 타고난 재능을 감당하지 못하고 쾨니히스베르크대
학을 떠났다. 그는 자기 자신과 세상에 흥미를 잃었다. 하지만 오늘 그
에게서는 평상시의 우울한 기분 말고도 누군가의 환심을 사고자 하는,
약간의 들뜬 마음이 보였다. 물론 그는 철학이 자신을 행복하게 만들 수
없음을 알고 있었다. 왜냐하면 그가 얻게 될 행복은 지식을 영원하게 만
들지 못하기 때문이다. 반면 그가 주머니에 넣어둔 연애편지는…….
칸트는 쾨니히스베르크 항구에 있는 조그만 카페 앞에서 멈춰 섰다. 그
가 자주 드나드는 곳이었다. 커피 한 잔을 주문하고 나서 칸트는 아무렇
지 않게 편지를 뜯었다.

친애하는 벗에게,

제가 당신처럼 유명한 철학자에게 편지를 쓴다고
해서 놀라지 마세요. 저는 어제 정원에서 당신과 마주
치기를 바랐습니다. 제가 친구와 함께 왔던 길을 당신과 거닐
수 있게 되길 말이에요. 이곳에서 도무지 당신을 만날 수 없었기에, 저는 칼
자루 장식 끈을 만드는 데 몰두했답니다. 그 장식 끈을 당신에게 보냅니다. 오늘 오
후에 당신을 만날 수 있게 된다면 정말 기쁠 거예요. 저는 당신이 속삭이는 목소리를
벌써 듣고 있답니다. "그럼요, 그럼요, 지금 갑니다!"라고 말이에요. 저와 제 친구는 당
신을 기다릴 거예요. 제 회중시계 역시 태엽을 감아 시간을 맞추어 두었답니다(이런 말
을 한다고 저를 비난하지 마세요). 당신에게 부드러운 입맞춤을 보냅니다. 바람이 당신에
게 그 입맞춤의 열기를 고스란히 전해 주기를.
행복하고 평안하시길 빕니다.

마리아 샤를로타 ♪

1. 칸트는 1762년 6월 12일 실제로 마리아 샤를로타라는 여인에게서 짧은 편지 한 통을 받았다

마리아 샤를로타는 칸트보다 훨씬 어렸다. 그녀는 때로 애교 섞인 암시를 보내며 때로는 러시아나 프로이센의 고위 장교와 같은 몸짓으로 매우 섬세하게 그의 눈앞을 오갔다. 마리아는 재능이 뛰어나지는 않았지만 그것을 알아보는 눈이 있었다. 그녀는 칸트가 혐오하던 여자들과는 달랐다. 시도 때도 없이 다투거나 고대 그리스 어를 뒤섞어 쓰는, 그리스 신화 속 여전사 같은 부류의 여자들 말이다! 그들에게 수염까지 달렸더라면 자신들의 정신적 깊이를 얼마든지 더 잘 표현할 수 있었을 텐데! 편지에 동봉한 칼자루 장식 끈은 매력적이고 세련되었다. 회중시계의 태엽을 감았다는 암시적 표현도 다소 장난스러운 데가 있었다.

흥에 겨운 쾨니히스베르크의 위대한 중국인은 항구에서 한여름의 산들
바람을 만끽했다. 그는 향신료와 자신이 좋아하는 커피를 실은, 미지의
대륙으로부터 온 배들이 넘실대는 광경을 바라보았다. 칸트는 한때 지
리학을 가르쳤는데 수학이나 불꽃놀이용 화약 제조술과 비교해 가며 상
당히 자세하게 가르쳤던 경험이 있었다.

하지만 그는 거의 여행을 하지 않는 사람이어서 사막은 물론 산꼭대기
조차 본 적이 없었다. 그의 조상인 두 명의 스코틀랜드 인은 상상 속에
존재했고, 셀 수 없이 많은 이야깃거리는 사회 경험에서 나왔으며, 탐험
에 관한 이야기들은 왕립 도서관에서 빌려온 것이었다. 결국 그는 항구
의 선원들을 보며 세상에 살고 있는 다양한 사람들과 국민성에 대해 깊
이 성찰할 기회를 얻은 것이다.

예를 들면, 칸트는 이렇게 가르쳤다.

"흰돌고래로 불리는 물고기는 볼가 강이 해마다 불어나면서 러시아까
지 오게 되었습니다. 이 물고기는 큰 돌을 삼켜서 배를 채우고 강 깊은
곳에 삽니다. 그런데 술버릇이 시베리아보다 더 대단한 곳은 어디에도
없습니다…….
스페인 사람은 진지하고 신중하며 자존심이 매우 강합니다. 그가 쟁기
질로 바쁠 때 그 앞을 지나가 보십시오. 그는 긴 외투를 입고 칼을 휘두
르며 자기 밭을 성큼성큼 걸어 나올 것입니다.

프랑스 사람은 무엇보다 재치가 있습니다. 신중하고 고집스러운 영국 사람은 곧잘 거북스러워하며 자신에게 낯선 모든 것을 깔봅니다. 독일 사람은 정직하고 만사에 논리 정연합니다. 특히 사랑에 대해서 말입니다. 다른 혹성에 사는 사람들에 대해 말하자면, 그들은 몸이 더 가벼운 만큼 태양에서 멀리 떨어져 있습니다. 그래서 금성이나 수성에 사는 사람들의 몸은 상당히 무겁습니다. 그린란드 최초의 에스키모들도 뉴턴의 이론에서처럼 그들과 마찬가지였을 겁니다! 반대로 목성의 주민들은 놀라울 만큼 가볍습니다."

임마누엘 칸트 교수가 항구로 커피를 마시러 온 건 그가 너무나 좋아하는 이 커피를 집에서는 제대로 즐길 수 없었기 때문이다. 또 다른 이유는 항해를 준비하는 뱃사람들을 가까이에서 볼 수 있다는 사실에 만족했기 때문이다. 그는 진리의 나라인 순수 지성의 섬을 찾고자 했다.

세상의 겉모습처럼 광대하고 비바람이 몰아치는 대양은 사방으로 짙은 안개와 깨지기 쉬운 빙하, 새로운 땅에 대한 환상만을 드러낼 뿐이다. 대양의 파도는 피할 수 없는 모험과 아직 찾지 못한 발견을 꿈꾸게 함으로써, 헛된 희망으로 바다의 철학으로 그를 유혹했다.

어쩌면, 육지에 머무른 채 만족하며 적들의 주장을 방어하고, 오후에는 마리아 샤를로타를 만나러 가는 편이 낫지 않았을까?

람페는 정해진 시각이 되면 응접실에 나타나 주인에게 알렸다.

"시간이 되었습니다!"

칸트는 늘 제시간에 들어와 손님들을 맞았다. 그는 혼자 식사하는 법이 결코 없었다. 혼자 식사를 하게 되면, 식욕이 떨어졌기 때문이다. 늘 이런저런 생각에 몰두하다 보니 모든 정신적 질환의 원인이 되는 소화불량에도 걸렸다.
식사에 초대된 손님들은 미의 세여신[1]부터 아홉 명의 뮤즈[2]에 이르기까지 다양했고, 그래서 대화는 결코 지루할 틈이 없었다. 사실, 그의 집에 드나드는 사람들은 거의 매일 똑같은 인물들이었다.

1. 고대 로마의 여신인 아글라이아, 탈리아, 에우프로시네를 말한다.
2. 제우스와 기억의 여신 므네모시네의 아홉 딸로, 예술가들에게 영감의 원천이 된다.

시간이 되었습니다!

46

영국 상인 한 사람도 그런 식으로 우리 철학자의 집에 드나들곤 했다. 그는 칸트를 작은 카페에서 만났었다. 그곳에서 칸트는 미국의 독립을 지지한다는 주장을 폈고, 영국 시민으로서 모욕을 당했다고 생각한 상인은 그에게 결투를 신청했다.

칸트는 칼을 뽑는 척하다가 생각에 잠겼다. 자신의 검술 실력을 잘 알고 있었기 때문이다. 그는 영국에 대한 자신의 생각을 말하며 자신의 입장을 정당화시키려고 애썼고, 민중의 자유에 대해 길게 이야기했다. 그렇게 해서 조셉 그린과 칸트는 서로 화해하고 친구가 되었다.

그날은 젊은 프랑스 철학자도 모임에 함께했다. 그는 칸트 교수의 강의를 듣기 위해 파리에서부터 온 참이었다.

칸트는 자신만의 대화를 이끄는 비법, 즉 농담으로 이야기를 시작했다. 어떤 상속자가 자신의 은인에게 성대한 장례식을 치러줄 수 없게 된 사연이었다.

상속자는 자신의 은인을 위해 많은 사람들이 진심으로 슬퍼하는 장례식을 치르고 싶었고, 그래서 장례식을 찾은 사람들에게 많은 돈을 주었다. 그러나 장례식은 그의 뜻대로 되지 않았다. 왜냐하면 상속자가 우는 사람들에게 돈을 줄수록 그들은 점점 쾌활해졌기 때문이다…….

사람들의 반응이 기대한 만큼 신통치 않자 칸트는 바다에서 일어난 엄청난 폭풍우 속에 부유한 상인의 작은 배가 침몰될 뻔한 이야기를 시작했다. 상인은 배가 가라앉는 것을 막기 위해 그의 전 재산을 배 밖으로 내던져야만 했다!

"여러분, 그래서 어떻게 되었는지 아시겠어요? 상인은 전혀 신경 쓰지 않는 듯 보였답니다. 그런데…… 그의 가발이 하얗게 변했지 뭡니까!"[1]

1. 걱정이 많으면 머리가 희어진다는 속설이 있다. 상인은 내색하지 않았지만 전 재산을 잃고 속이 많이 상했다는 칸트 식 유머이다.

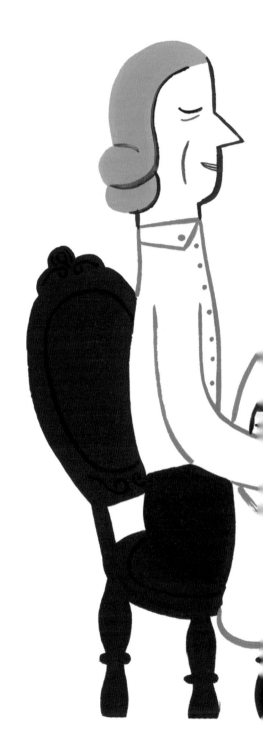

웃다 보면 소화가 잘되었다. 칸트는 그 웃음에 힘입어 영국 상인 그린과 프랑스 철학자와 함께 생활 건강법에 관한 몇 가지 생각을 나눌 수 있었다. 칸트는 맥주나 전기의 폐해에 대해 지칠 줄 모르고 이야기했다. 또한 그는 얼음물에 발을 씻으라고 권했는데 그렇게 하면 심장에서 먼 동맥이 무기력해지는 것을 피할 수 있다고 했다. 걸으면서 생각하는 행동이 일으킨 현기증에 대해서도 설명하였다. 그런 현상은 칸트 자신도 피할 수 없었다.

마침내 불면증을 해결하기 위해 그가 발견한 최고의 수면제는 로마의 웅변가 키케로를 생각하는 것이었다.[1]

1. 모든 거짓말은 나쁘다는 입장을 가졌던 칸트는 선한 거짓말도 있을 수 있다고 주장했던 키케로에 대해 거부감을 가졌고 그에 대한 우회의 표현인 것으로 추측된다.

칸트에 따르면 사람들 저마다는 자신의 건강을 더 잘 지키기 위해 필요한 것들을 찾아내야 한다. 예를 들어 화를 잘 낸다거나 다혈질이라거나 하는 기질에 따라서 말이다. 칸트와 같이 타고난 우울증이 있는 철학자는 엄격하게 식욕을 절제함으로써 자신의 병적인 불안을 진정시킬 수 있지만 보통의 우울증 환자들은 인간 본성에 더욱 집착하기 때문에 본능에 충실하게 되어 불안을 진정시키기 어렵다.

"교수님," 프랑스 철학자가 끼어들었다. "그렇다면 우리는 기질에 따라서 대단히 도덕이거나 그렇지 못할 수도 있다는 말입니까?"

"나는 단지 기분이나 의향에 대해서 말했을 뿐입니다." 임마누엘 칸트는 매우 진지하게 대답했다. "당신이 여전히 이성을 지니고 있기만 하다면, 당신은 언제나, 절대적으로 자유롭게, 도덕적으로 행동할 수 있습니다. 당신의 기질이 어떻든 상황이 어떻든 말입니다."

"그렇지만 상황에 따라 죄에 대한 평가는 달라질 수도 있습니다. 말하자면, 오늘 아침 교수님께서 교수형에 처한 거짓말쟁이는 누군가를 보호하기 위해 거짓말을 했을 수도 있습니다. 거짓말은 나쁘지만 때로는 진실을 말하는 것보다 훨씬 도덕적일 수도 있지 않습니까……."

"그럴 수도 있겠군요." 영국 상인 그린이 유쾌하게 동조했다.

"손님 여러분, 저는 여러분의 생각에 동의할 수 없습니다." 칸트가 대답했다. "거짓말은 말과 생각 사이의 모순입니다. 거짓말은 믿음을 뜻하는 말의 본질 자체를 손상시켜 버립니다. 모든 말은 진실을 약속합니다. 거짓말쟁이의 말조차 말입니다. 그렇기 때문에 거짓말은 가장 모순된 행위이자 부도덕한 행위인 것입니다."

"칸트 교수님, 그렇다면 당신은 거짓말을 한 적이 한 번도 없었다는 말씀입니까?" 영국 상인 그린이 물었다.

마침 괴팅겐 소시지가 나왔지만 무엇도 그들의 관심을 쉽사리 다른 곳으로 돌리지 못했다.

"물론 그 생각을 할 때마다 나는 부끄러움을 느낍니다."

"한 친구가 살인자에게 쫓겨 교수님의 집으로 피신했다고 가정한다면 말입니다. 만일 그 살인자가 친구가 숨은 곳을 물어본다면, 교수님께서는 그에게 거짓말을 하겠습니까?"

"내 생각엔 말입니다, 나는 차라리 대답하지 않을 것입니다."

"살인자에게 협박을 당해 어쩔 수 없이 말해야 하는 경우라면 어떻게 하시겠습니까?"

"만일 대답을 해야 한다면, 나는 진실을 말하겠습니다. 진실을 말하는 것은 의무입니다. 그 결과가 상당히 위험할지라도 말입니다."

"이제 살인자가 당신 친구를 죽일 것이오! 정말이지 상당히 위험한 결과가 아닐 수 없군요!" 그린은 웃음을 터트렸다.

"그건 모르는 일입니다. 때마침 이웃들이 찾아와 살인을 막을 수도 있습니다. 혹은 내 친구가 몸을 피했을 수도 있지요. 내가 거짓말을 해 친구가 살인자를 피했다 하더라도 길에서 우연히 맞닥뜨릴 수도 있는 것입니다. 어쨌든, 아무래도 좋습니다! 정직은 의무입니다! 사소한 예외라고 봐주다 보면 도덕이란 더 이상 존재할 수 없습니다."

"칸트 선생, 당신은 테러리스트입니다." 그린이 재미있다는 듯 말했다.

"교수님, 내게 당신은 친구라기보다는 숭배의 대상입니다!" 프랑스 철학자가 말했다.

"친구여, 친구는 없다네." 칸트는 철학자 아리스토텔레스의 말을 인용하며 미소를 지었다.

"여러분은 도덕이란 무엇인지 정말 알고 싶습니까? 그것은," 칸트는 멈추지 않고 바로 대답했다. "절대적으로 선한 것이 아닐까요?"

"지성입니다. 학문을 발전시키는 것은 지성입니다." 프랑스 철학자가 말했다.

"건강입니다." 실용주의자인 그린이 대답했다.

"설마! 지성, 그리고 건강이라고 하셨습니까? 만일 강도가 지성과 건강, 용기를 가지게 된다면 이보다 더 위험한 일은 없을 것입니다. 그는 말입니다…… 일종의 천재적인 악당이 될 것입니다!
아니지요, 내가 여러분에게 말했듯 절대적으로 선한 단 한 가지는 선을 행하고자 하는 의지입니다."

"선이 무엇인지도 알아야겠습니다!" 그린이 지적했다.

"정직하고 선하고자 하는 데는 어떤 학문도 필요하지 않습니다. 단지 행동하기만 하면 됩니다. 모든 사람들이 행동해야만 하는 것처럼 말입니다. 나는, 모든 사람들이 항상 그리고 어디서나 진리를 말하기를 원하기 때문에 진리를 말합니다. 나는 나 자신 그리고 타인도 항상 마찬가지로 목적으로서 취급합니다. 결코 수단으로서 취급하지 않습니다."

"이렇게 훌륭한 도덕 법칙이 있다니."

두 명의 손님은 칸트의 생각을 인정했다.

다음으로 최근 파리에서 일어난 일이 화제에 올랐다. 젊은 프랑스 철학자의 말에 따르면, 프랑스 왕 루이 16세가 아내[1]의 귀걸이 값을 치르기 위해 소집한 삼부회[2]가 결정적인 혼란에 빠졌다는 소식이었다. 제3계급인 평민 대표들은 귀족과 성직자 구성원 중 몇몇을 설득하다가 결국 테니스장에서의 한판 승부를 중단해 버렸다.[3] 그러고 나서 흥분하여 목을 베기 시작했다.[4] 그런 과격한 행동은, 칸트 교수가 프랑스인들에 대해 평가했던 가볍고 재치 있는 기질에 아주 분명한 변화가 생겼음을 나타낸다.

칸트의 감정은 두 갈래로 나뉘었다. 한편에서 보면 이 모든 사실들은 대혼란을 예고했다. 그것은 칸트가 무엇보다도 싫어하는 일이었다. 테니스장에서의 한판 승부를 중단하다니! 이보다 더 엄청난 죄악을 생각할 수 있을까?

1. 마리 앙투아네트를 말한다.
2. 귀족, 성직자, 평민 대표가 모여 중요 의제를 논했던 의회
3. 평민 대표들은 자신들의 주장을 펴기 위해 실내 테니스장에 모였다.
4. 프랑스 혁명 당시 민중들이 왕과 왕비를 단두대에서 사형시킨 일을 말한다.

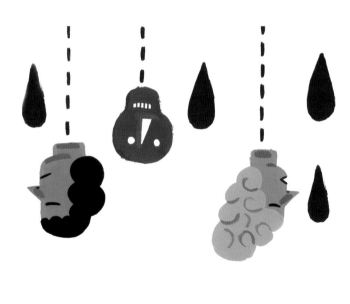

다른 한편에서 보면, 비록 이 혁명이 엄청난 무질서와 불법 속에서 시작되었다고 하지만 점차 모습을 드러낸 새로운 질서는 그의 공감을 불러일으켰다. 칸트는, 법을 만드는 입법권과 그 법에 따라 통치하는 행정권, 그것의 존중을 보장하는 사법권 사이의 엄격한 분리와 균형에 관한 시각을 하나의 발전이라고 생각했다.

루이 16세가 자기 자리를 지키고 있든 권좌에서 물러나든 이제 억압적인 전제 정치는 끝이 났다. 마침내 세계 평화가 모든 민중들 사이에, 어쩌면 철학자들 사이에도 자리 잡을 것이다. 사교성이 부족했던 무뚝뚝한 왕은 권력과 탐욕, 명예욕에 이끌려 자신과 같은 부류의 사람들과 어울렸다. 결국 모든 것은 법의 승리로 끝났다.

그들의 대화를 하나도 빠짐없이 듣고 있던 하인 람페는 자기 방으로 가서 권총을 찾아 놓고 낡은 창을 날카롭게 만들었으며 모아 두었던 돈을 몰래 감추었다.[1]

바로 그날 칸트는, 프랑스 혁명에 대한 소식을 듣고 걱정에 사로잡혀 집에 머물러 있었다고 한다. 그러나 또 다른 증언에 따르면, 다정한 마리아 샤를로타가 부르자 남몰래 정원으로 빠져나갔다고 한다. 아마도 칸트는 레이스가 달린 산뜻한 셔츠를 입고 새 장식 끈을 맨 채 상당히 우아한 오후를 보냈을 것이다.

"오, 여인이여, 나는 당신을 그토록 자주 거절했습니다!" 칸트는 마리아 샤를로타에게 속삭이듯 말했을 것이다. "당신은 나를 더없이 들뜨게 만들더니 점차 본능적인 사랑으로 이끌었습니다. 당신을 향한 내 마음은 내게 당신의 아름다움을 알게 해주었습니다. 내 상상력은 거리낌 없이 내 이해력으로 이어집니다. 당신과 마주하면 나는 활력이 넘칩니다! 오, 마리아 샤를로타, 당신은 가장 아름다운 꽃들보다도 훨씬 더 아름답습니다! 당신은 뭐랄까, 내 천문 관측기구처럼 아름답습니다!"

열정으로 가득 찬 그의 고백이 성공을 거두었는지는 아무도 모른다.

우리가 확실히 알고 있는 한 가지는, 오늘 칸트가 소화를 돕기 위한 산책을 걸렀다는 것이다.

오랜 시간, 늘, 너무나 규칙적으로 이어졌던 이 산책은 쾨니히스베르크의 진짜 시계가 되어 버렸다. 오래전부터 쾨니히스베르크 사람들은 칸트가 저녁 식사 후 산책을 시작하는 시간에 시계의 추를 맞추었다.

칸트가 산책을 거르자 쾨니히스베르크와 온 세상이 혼돈에 빠졌다. 목사는 기도문 읽는 것을 잊어버렸다. 연금술사이기도 한 약제사는 탕약을 불 위에 내버려 두었고, 탕약은 폭발하여 독한 김을 사방으로 쏟아냈다. 숲 주변에 은둔하여 살던 은자는 죽어라고 울부짖기 시작했다. 고양이들은 한꺼번에 죽어 버렸다.

스웨덴에서는 점쟁이 스베덴보리가 무시무시한 장면을 예견하고 괴로워했다. 그의 예견 때문인지 아니면 그저 우연인지, 구름이 프로이센의 작은 마을 위로 뭉게뭉게 모여들더니 마치 피와 두꺼비라도 떨어질 듯 엄청난 폭풍우를 예고했다.

칸트는 아름다운 것과 기분 좋은 것에 대한 명상에 골몰하다가 형이상학(세계관)을 다시 세우게 될 성찰을 하게 되었다.

"저런, 하늘이 심상치 않은데."

술과 식료품을 보관해 두는 지하 창고에 도착하자마자 우르릉거리는 천둥소리가 쾨니히스베르크의 대지를 뒤흔들었다. 지축을 흔드는 천둥소리에 우리 교수님의 발아래로 밀가루 포대가 쏟아졌다. 칸트는 흰 밀가루를 온통 뒤집어쓴 채 양초에 불을 붙였다. 그리고 밀가루 포대 옆에 감춰져 있던 새 둥지 하나를 발견했다. 둥지에는 제비 한 마리가 이미 죽은 새끼 새들 사이에 둘러싸여 있었다.

그해 날씨는 선선했고 곤충들이 많지 않았다. 새끼들을 모두 기를 수 없었던 어미 새가 새끼 몇 마리를 희생시켜 나머지 새끼들을 구한 것인지도 몰랐다. 칸트는 두 손으로 제비를 집어 들더니 새의 눈에서 무언가를 읽으려고 했다. 새는 하늘을 유심히 살펴보는 것 같았다.

폭풍우는 이층에 있는 책 너머를 뒤흔들고 천문 관측기구에 달린 둥근 별들을 빙빙 돌아가게 만들었다. 칸트는 서재로 가서 창문을 열었다. 교회의 종탑이 벼락을 맞아 불타고 있었다. 구리 피뢰침이 있었다면 종탑을 보호할 수도 있지 않았을까.

그때 다시 번개가 치더니 귀를 먹먹하게 만드는 깨지는 듯한 소리가 등줄기를 타고 온몸을 오싹하게 만들었다. 그와 동시에 정신이 매료된 칸트는 말했다.

"모든 것들은 이 폭풍우에 비하면 너무도 보잘것없구나!"

칸트는 얼굴을 때리는 휘몰아치는 비에도 아랑곳하지 않고, 해질 무렵의 숭고한, 동시에 사슬 풀린 자연을 바라보았다. 이 광경은 마치 그 자신의 의식 세세와도 같았다.

밤이 쾨니히스베르크를 감쌌다. 폭풍우는 잦아들었다. 비가 그치고 구름이 흩어졌다. 주민들은 화염에 휩싸인 교회 앞뜰에 모여들었다. 혼란에 빠진 인간 무리가 눈앞에 나타났다. 임마누엘 칸트는 자신의 책상 위에 걸려 있는 장 자크 루소의 초상화에 눈짓을 했다. 그는 이처럼 순수한 기쁨을 느낀 적이 결코 없었다. 그는 소리 높여 말했다.

"내 마음을 늘 새롭게, 더 한층 감탄과 경외심으로 가득 채우는 두 가지가 있다. 하나는 내 머리 위에 있는 별이 빛나는 하늘이고 다른 하나는 내 가슴속에 있는 도덕법칙이다."

칸트는 잠시 밤공기를 들이마셨다. 그러고는 얼굴을 닦고 입가에 미소를 머금은 채 회중시계의 태엽을 감았다.

빛나는 도덕 법칙을 세운 철학자 칸트를 말하다_ I

임마누엘 칸트Immanuel Kant, 1724~1804는 지금은 러시아의 칼리닌그라드인 옛 프로이센의 쾨니히스베르크에서 태어났다. 수공업자였던 아버지 게오르크 칸트와 어머니 안나 레기나와의 사이에서 태어난 11명의 아이들 중 넷째였다. 칸트의 조상은 이 책에서도 언급되었듯이 프로이센으로 이주해 온 스코틀랜드 인이었다. 왜소한 체구에 병약했다고 전해지는 그가 80세까지 살 수 있었던 것은, 책에서도 강조하고 있듯이 기질에 맞는 건강법을 지키는 절제된 생활과 그 유명한 규칙적인 산책 덕분인 것으로 보인다. 칸트는 매일 일정한 시간에 산책을 했는데 날씨가 궂을 때면 하인 람페가 우산을 들고 뒤를 따랐다고 한다. 특히 그가 산책길에 건넌 프레겔 강의 일곱 개 다리에 관한 이야기는 사실 여부를 떠나 수학의 '쾨니히스베르크 다리 건너기'라는 유명한 문제와도 관련이 있다. 그는 철학자이면서도 논리학은 물론 물리학, 수학까지 공부하였으며 학자로서의 삶과 일상생활 모두에서 엄격한 절제와 규칙을 강조하였다.

31세가 되던 해 박사 학위를 받은 칸트는 대학에서 강의를 시작했고, 10여 년 지난 뒤에는 자신이 공부했던 쾨니히스베르크대학의 교수가 되었으며, 62세에는 이 대학의 총장 자리에까지 올랐다. 그는 대학에 근무하면서 규칙적인 생활과 강의에 전념하여 비판 철학의 기념비적 작품인 《순수이성비판》(1781), 《실천이성비판》(1788), 《판단력비판》(1790) 등을 저술하였다. 또한 그의 자연지리학 강의는 수많은 수강생들이 몰릴 정도로 인기가 많았다고 한다. 다만 우리에게 알려진 대로 칸트 교수는 태어나서 죽을 때까지 쾨니히스베르크를 한 번도 떠나지 않았다. 다른 세상과 그곳의 사람들을 만나지 않고 어떻게 그것에 대해 말할 수 있는지 의문이 들기도 하지만, 아마도 그는 독서와 연구, 자료 수집, 다양한 사람들과의 만남을 통해 견문을 넓혔을 것이다. 예를 들면 프랑스에 직접 다녀온 사람과 자료를 통해 연구한 사람 중 누가 그 나라에 대해 더 잘 설명할 수 있는가라는 질문을 해볼 수 있을 것이다. 이 문제는 칸트 철학의 핵심 과제 중 하나인 인식론과도 관련지어 볼 수 있다. 사실 우리가 알고 있는 지식은 실제 경험만으로 얻어진 것이 아니며, 인간이 본래부터 지니고 있던 선험적 인식과 실제 경험을 통해 알게 되는 경험적 인식을 통해 얻어지는 것이다.

코페르니쿠스는 육안으로 천체를 관측하여 지동설을 제창한 폴란드의 천문학자로서 이 책에서는 칸트의 철학적 발전에 큰 영향을 준 인물로 언급된다. 우리는 흔히 기존의 판단이나 가치를 뛰어넘는 발상의 전환을 말할 때 '코페르니쿠스적 전환'이라는 말을 쓴다. 특히 칸트에 있어서 코페르니쿠스적 전환은 인간의 이성이 지닌 한계를 지적할 때 자주 사용된다. 즉 우리는 어떤 대상을 있는 그대로 보지 않으며 볼 수도 없다는 것이다. 이 책에서 말하듯이 "어느 누구도 세상을 있는 그대로 그 자체로서 볼 수 없다." 결국 우리는 어떤 대상에 대해 아는 만큼 알고, 안다고 믿는 것이다.

우리는 흔히 선의의 거짓말은 세상을 살아가는 데 있어 불가피하다고 말한다. 예를 들어 부도덕한 기업의 비리를 고발한 내부 고발자를 보호하기 위해 그가 누구인지 모른다는 거짓말을 할 수도 있고, 불치병에 걸린 환자에게 삶의 희망을 주기 위해 곧 회복될 것이라는 거짓말을 할 수도 있을 것이다. 그러나 칸트는 친구가 살인자에게 쫓기더라도 그가 어디에 숨어 있는지 솔직히 말하는 것이 도덕이며 선이라고 주장한다. 그는 이 책에서 "나는, 모든 사람들이 항상 그리고 어디서나 진리를 말하기를 원하기 때문에 진리를 말합니다"라는 말로 도덕의 객관성과 보편성에 대해 이야기하고 있다. 즉 그는 사람들 각자가 인정하는 기준이 아닌 모든 사람들이 동의하고 인정하는 기준에 따라 도덕을 지켜야 한다고 주장하는 것이다. 또한 그가 내세우는 도덕 법칙에서는 "인간을 수단이 아닌 목적으로 취급해야 하듯이" 그에게는 행위의 결과보다는 행위의 동기가 더 중요하다.

사실 칸트의 철학적 명제들을 모두 이해한 뒤 이 책에서 다루고 있는 각각의 에피소드와 철학적

개념들을 만난다면 더할 나위 없이 좋겠지만, 이 책에서 그려진 철학자 칸트의 인간적이고 낙천적인 모습과 허구일지도 모르지만 귀엽게까지 느껴지는 그의 연애 감정, 학문에 대한 열정과 삶을 대하는 엄격한 태도 등은 우리로 하여금 칸트 철학에 대해 관심을 갖게 하는 것은 물론 인간적인 매력까지 느끼게 한다. 특히 책의 후반부에서 칸트가, 폭풍우 치는 가운데 우주적 질서와 자연의 위대함을 몸소 느끼며, 자신을 매료시키는 것은 "머리 위에 있는 별이 빛나는 하늘, 다른 하나는 가슴속에 있는 도덕법칙이다"라고 말하는 장면은 우리로 하여금 평생을 학문에 전념하며 엄격하게 살았던 철학자의 진면모를 다시 한 번 느끼게 한다.

옮긴이 박아르마

이성의 힘을 믿은 철학자 칸트를 말하다_Ⅱ

1871년 1월 18일, 프로이센의 빌헬름 1세는 베르사유 궁전 거울의 방에서 프랑스로부터 항복 문서를 받았다. 독일이 알자스와 로렌 지방을 얻고 빌헬름 1세가 독일 제국의 황제로 등극하는 순간이다. 폴란드의 한 지방이었던 프로이센에 의해 독일의 첫 통일이 이루어진 것이다. 프로이센은 1701년 프리드리히 1세가 왕으로 즉위하면서 독일 제국의 한 나라가 되었다. 학문을 사랑한 프리드리히 1세는 법과 신분 제도를 정비하였고, 그의 아들 프리드리히 빌헬름 1세는 왕권을 강화하여 군대를 양성하고 절대왕권 체제를 확립하였다. 프리드리히 1세가 뿌린 학문의 씨앗이 한창 무르익던 시기인 1724년, 프로이센의 중심 도시인 쾨니히스베르크에서 칸트가 태어난다.

가난한 집안에서 병약하게 태어났으나 신앙심 깊은 어머니 덕분에 건강한 정신을 소유했던 칸트가 위대한 철학자의 명단에 그 이름을 올리기까지 어떤 인생을 살아왔는지 살펴보자. 일찍이 장인제도가 발달했던 독일에서 자식이 부모의 가업을 이어받는 것은 당연한 일이었다. 마구상 장인이었던 칸트의 아버지는 말안장을 만들고 말발굽을 갈아 주는 일을 하였고, 칸트 역시 아버지의 가업을 이어받아 실업학교에 진학해야 했다. 그러나 쾨니히스베르크의 담임 목사였던 슐츠는 칸트가 일반계 고등학교인 김나지움에 입학할 수 있도록 도왔고, 김나지움을 졸업한 칸트는 1740년 9월 24일 쾨니히스베르크대학에 입학했다. 세계적인 칸트 연구가인 카를 포르랜더는 칸트의 대학생활이 여느 학생들과 별반 다르지 않았다고 전한다. 당구와 카드놀이를 즐기고, 선술집에서 한잔 하면서 세상을 논하는 칸트를 상상해 볼 수 있다. 칸티우스라는 라틴어 이름을 짓고 언어학자의 꿈을 키우기도 했던 칸트는 대학에서 의학, 법학, 신학, 문학, 그리고 철학 등을 공부한 것으로 알려져 있다. 대학을 졸업한 칸트는 다른 대부분의 철학자들이 그랬듯 영향력 있는 집안의 가정교사와 시간강사로 일하며 생활하였다. 평생을 독신으로 살았던 칸트에게도 몇 번의 결혼 기회는 찾아왔으나, 가난과 부양해야 하는 가족에 대한 부담으로 끝내 포기했다고 한다.

칸트에 대해 알려진 많은 일화 가운데 그가 쾨니히스베르크를 벗어나 본 적이 없다는 이야기는 유명하다. 그럼에도 불구하고 칸트는 세계의 유명 도시들에 대해 가본 듯 훤했다고 하는데, 예를 들어 파리와 런던의 유명한 선술집과 유명 인사들이 모이는 식당에 대해서도 알고 있었다고 하니, 칸트의 사교성과 독서량을 짐작케 한다. 어려서부터 병약했던 탓에 고향을 떠날 생각 따윈 절대 하지 않았던 칸트는, 겨울이면 잉크병이 얼고 손이 마비되어 글을 쓸 수 없을 지경이 되어도 쾨니히스베르크 성城 도서관 사서 일을 포기하지 않았다고 한다. 에어랑엔과 예나대학에서도 칸트를 정교수로 초빙하려 했지만 포기하였고, 결국 1770년 칸트는 쾨니히스베르크대학에서 논리학과 형이상학을 가르치게 된다.

칸트의 철학은 크게 두 가지로 대표되는데, 하나는 비판 철학이고 다른 하나는 도덕 철학이다. 교수가 된 칸트를 세계적인 철학자로 자리매김할 수 있게 한 《순수이성비판》의 출간을 시작으로, 《실천이성비판》, 《판단력비판》이 연이어 출간되면서 소위 말하는 칸트의 비판 철학은 완성되었다.

고대 그리스부터 시작된 철학은 시대가 바뀌고 세월이 흐르면서 많은 변화를 겪었다. 처음 철학은 자연, 우주, 그

다음으로 인간의 문제를 다루었으나 플라톤과 아리스토텔레스에 와서는 인간의 문제로 굳어졌다.

중세에는 철학뿐 아니라 모든 학문의 주제가 종교로 국한되었고, '종교의 시녀'로서의 역할에 충실했다. 그러나 종교개혁 이후 종교와 종교인의 세력은 약화되었고, 철학은 학문의 기초를 마련하기 시작하였다. 프랑스의 데카르트, 네덜란드의 스피노자, 그리고 독일의 라이프니츠와 같은 합리론자들은 이성의 중요성을 강조하였으며 수학과 기하학에서 철학적 지식의 단초를 찾았다. 반면 로크, 버클리, 그리고 흄과 같은 영국의 경험론자들은 경험적인 지식이야말로 가장 확실한 철학적 사유의 근거라고 생각하였고 그 방법을 심리학에서 찾았다. 유럽의 합리적인 생각도, 영국의 경험적인 생각도 철학적 지식과 학문의 기초를 쌓는 데 꼭 필요하다고 판단한 칸트는 그의 비판철학에서 이 두 입장 모두를 받아들인다. 칸트는 수학과 기하학을 가장 확실하고도 분명한 학문이라고 판단했고 심리학은 다른 어떤 학문보다 타당성 있는 학문이라고 생각했다. 이런 두 가지 학문을 결합한다면? 칸트는 논리학이야말로 수학과 기하학의 확실성과 심리학의 타당성을 모두 가진 학문이라고 믿었다. 그렇게 칸트는 논리학을 바탕으로 한 철학 체계를 완성하게 되었다.

자연과학자들은 외부의 사물을 있는 그대로 관찰한 다음 사물의 법칙과 원리를 만들어 지식 혹은 진리라고 말한다. 그러나 철학자에게 외부의 사물이나 대상은 지식 혹은 진리를 얻기 위한 재료에 불과하며 경험을 통해 받아들인 외부의 대상으로 지식과 진리를 만들어 내는 것은 결국 인간 개개인의 주관적인 이성이 된다. 그렇다면 외부에서 받아들인 지식은 이성과 어떻게 작용하여 철학적 진리가 되는 것일까? 칸트는 선천적으로 인간에게 주어진 이성은 경험과도 관계없고, 심리적인 의식 작용과도 관계없는 순수이성이라고 말한다. 즉 선천적인 이성의 기능이 바로 순수이성이며, 이는 이성이 그 자신 스스로를 비판할 때 주어진다는 것이다. 이렇듯 논리적으로 판단하고 추리하는 이성이 선천적으로 인간에게 주어져 있고, 이 선천적 이성이 정당한 판단과 추리를 할 때 인간은 진리를 얻을 수 있다는 칸트의 생각은 이후 철학에서 이성을 중요시하게 되는 데 큰 역할을 하였다.

소크라테스는 "거짓말하지 말라", "빌린 물건은 꼭 돌려주어라" 등 절대적인 도덕을 강조했으나, 살다보면 우리는 거짓말도 하고 이런저런 핑계로 빌린 물건을 돌려주지 못하기도 한다. 여기서 우리는 도덕의 상대성을 생각해 볼 수 있다. 누군가 좋은 동기로 도덕적인 행동을 하였지만 결과가 나쁘다면 우리는 그 사람을 탓할 수 있을까? 칸트는 탓할 수 없다고 말한다. 즉 도덕적인 행위는 동기가 중요하지 결과가 중요하지 않다는 것이다. 칸트는 이런 관점에서 모든 인간에게는 선을 행하려는 의지가 있다는 뜻의 '선의지'를 주장한다. 이 세상에는 언제 어디서나 통용되는 선의 가치가 있으며 사람들은 이 선을 행하려는 의지를 갖고 있다. 그러나 선의지를 행하기는 결코 쉽지 않으므로 교육과 경험을 통해 선의지를 실천할 수 있도록 해야 한다는 것이 칸트의 생각이었다. 칸트는 실천하지 않는 도덕은 아무런 의미가 없으므로 도덕적 행위를 의무로 규정해야 한다고 주장한다. 선의지가 아닌 개인의 이기적인 욕심에 따른 행위가 '의무에 맞는 행위'라면, 실천해야 한다는 명령에 따라 행하는 것은 '의무에서 우러나오는 행위'로, '거짓말하지 말라', '부모에게 효도해라', '약속을 지켜라'와 같은 의무가 바로 후자에 해당한다. 그러나 이런 행위를 실천하는 것은 결코 쉽지 않으므로 이런 행위를 실천할 수 있게 법으로 정해야 한다고 주장하는 것이다. 이것이 바로 칸트의 '정언적 명령'이다. 즉 '돈 많이 벌면 부모에게 효도하겠다'와 같이 어떤 조건이나 상황 아래에서만 타당한 그런 행위가 아니라 무조건적으로 행해야 하는 의무적인 도덕법칙인 것이다. 그래서 칸트는 의무적인 도덕법칙은 '할 수 있다'가 아니라 '해야 한다'고 주장한다. 이것이 바로 결과가 아닌 동기에 중요성을 두는 칸트의 도덕철학이다.

모든 것을 정해 놓고 항상 같은 시간에 같은 일을 한 것으로 잘 알려져 있는 칸트는 우리가 알고 있는 가장 규칙적인 철학자 중 한 사람이다. 많은 사람들은 병약한 그가 건강하게 오래 살 수 있었던 이유를 그의 산책에서 찾는다. 쾨니히스베르크 도시 한 가운데를 흐르는 프레겔 강의 북강과 남강 사이에는 두 개의 섬이 있고, 이 섬은 모두 7개의 다리로 연결되어 있었다고 한다. 서쪽에 있는 섬과 도시를 연결하는 다리는 북쪽과 남쪽에 각각 두 개, 동쪽에 있는 섬과 도시를 연결하는 다리는 북쪽과 남쪽에 각각 한 개, 그 두 개의 섬을 연결하는 다리 한 개까지 총 일곱 개이다. 쾨니히스베르크 사람들은 한 번 건넌 다리는 다시 건너지 않고 섬에 있는 모든 다리를 건너는 방법에 대해 머리를 모았고, 전쟁 중에는 한 번 건넌 다리를

폭파하고 섬을 탈출하는 방법에 대한 가상 작전도 실행되었다고 한다. 칸트도 이 문제에 관심이 많았고, 실제로 그러한 방법으로 다리 건너기에 성공했다고 전해지기도 한다. 그러나 대수학자 오일러는 이 문제를 받자마자 그것은 불가능한 일이라고 일축하였고, 사실 불가능한 일임에 틀림없다. 그러나 칸트가 정말 이 문제를 풀었는지 어땠는지는 중요하지 않다. 쾨니히스베르크 대학에서 총장까지 지낸 칸트의 가장 큰 무기는 삶에 대한 긍정적이고도 낙천적인 태도였다. 칸트 스스로는 그 자신의 규칙과 도덕법칙에 묶여 있었지만 다른 사람들에게는 그렇지 않았다.

칸트 생의 마지막 밤, 그의 곁을 지킨 사람은 그의 가장 친한 동료였던 바지안스키, 사랑스러운 여동생, 그리고 충직한 하인 람페였다. 칸트는 바지안스키가 준비한 포도주, 물, 그리고 설탕을 혼합한 음료를 몇 숟가락 먹은 후 세상을 떠났다고 한다. 그리고 장례는 무려 16일 동안이나 계속되었다. 너무나 많은 사람들이 그의 빈소를 찾았고, 추도사가 이어졌다. 그리고 칸트의 무덤에는 실천이성비판의 정수가 적혀 있다.

"내 머리 위에는 별이 빛나는 하늘이, 내 가슴속에는 도덕법칙이 있다."

철학자 서정욱

칸트를 더 알고 싶다면

《칸트가 우리에게 던지는 227가지 질문》, 살로모 프리드
랜더 지음, 박중목 옮김, 세창미디어, 2011
《칸트철학 입문》, W. O. 되에링, 김용정 옮김, 중원문화,
2011
《칸트와 오리너구리》, 움베르토 에코, 박여성 옮김, 열린
책들, 2009
《다시 읽는 칸트의 영구평화론》, 폴커 게르하르트, 김종
기 옮김, 백산서당, 2007
《칸트》, 최인숙, 살림, 2005
《칸트》, J. 켐프, 김성호 옮김, 지성의샘, 1996
《현대에 도전하는 칸트》, 노르베르트 힌스케, 이엽 외 옮
김, 이학사, 2004
《별이 총총한 하늘 아래 약동하는 자유》, 임마누엘 칸트,
빌헬름 바이셰델 엮음, 손동현 외 옮김, 이학사, 2002
《칸트의 생애와 사상》, 카를 포르랜더, 서정욱 옮김, 서광
사, 2001
《순수이성비판》, 랄프 루드비히, 박중목 옮김, 이학사,
1999
《임마누엘 칸트》, 오트프리트 회페, 이상헌 옮김, 문예출
판사, 1997
《칸트의 생애와 철학》, 최재희, 명문당, 1990

아이 눈높이에서 읽고 싶다면

《못생긴 칸트씨》, 이종란, 최정현 그림, 을파소, 2011
《옥탑방으로 올라간 칸트》, 가브리엘레 뮈닉스, 이승은 옮
김, 이룸, 2007
《칸트가 들려주는 순수이성비판 이야기》, 박영욱, 자음과
모음, 2007
《칸트처럼 생각하기》, 만프레트 가이어, 조병희 옮김, 사
계절, 2007

옮긴이 박아르마

서울대학교 대학원에서 프랑스 현대문학을 전공하여 박사 학위를 받았다. 지금은 건양대학교에 재직하면서 글쓰기와 토론 강의를 하고 있다. 지은 책으로《글쓰기란 무엇인가》,《투르니에 소설의 사실과 신화》가 있고, 번역한 책으로《로빈슨》,《유다》,《살로메》,《노트르담 드 파리》,《춤추는 휠체어》,《까미유의 동물 블로그》,《에드몽 아부의 오리엔트 특급》,《축구화를 신은 소크라테스》등이 있다.

해제 서정욱

독일 하이델베르크대학교에서 철학박사 학위를 받았다. 현재는 배재대학교에서 철학을 가르치고 있다.
평소 철학적 사고는 어릴 때부터 이루어져야 한다는 생각을 가지고 어린이 철학과 철학의 대중화에 늘 관심을 가졌으며,《만화 서양철학사》를 발표함으로써 철학동화를 쓰기 위한 기초를 다졌다. 이후 초등학생과 중학생들을 위한 철학동화시리즈《거짓말과 진실》,《지혜를 사랑하는 사람들》,《플라톤이 들려주는 이데아 이야기》,《푸코가 들려주는 권력이야기》등을 발표하였고, 철학과 역사, 문학을 접목한《필로소피컬 저니》(문화관광부선정 우수교양도서)를 비롯해《철학의 고전들》(한국간행물윤리위원회선정 청소년권장도서),《철학, 불평등을 말하다》,《배부른 철학자》등을 통해 청소년과 성인을 위한 즐거운 철학 읽기를 시도하고 있다.

칸트 교수의 정신없는 하루 "칸트"
KANT

초판 1쇄 발행 2012년 6월 11일
초판 2쇄 발행 2014년 1월 27일

지은이 장 폴 몽쟁
그린이 로랑 모로
옮긴이 박아르마
펴낸이 양소연

기획편집 함소연 진숙현 **디자인** 하주연 이지선 박진미
마케팅 이광택 **관리** 유승호 김성은 **인터넷사업부** 양채연 이동민 백윤경 이정돈 김정희

펴낸곳 등록번호 제25100-2001-000043호 등록일자 2001년 11월 14일

주소 서울 금천구 디지털로 9길 68, 1105호(가산동, 대륭포스트타워 5차)
대표전화 1688-4604 **팩스** 02-2624-4240 **홈페이지** www.cobook.co.kr
ISBN 978-89-97680-02-3(04110)
        978-89-97680-00-9(set)

함께읽는책은 도서출판 나눔의집의 임프린트입니다.